DISCOURS PRONONCEZ DANS L'ACADÉMIE FRANÇOISE,

Le Jeudy trente-uniéme Janvier MDCCIV.

A LA RECEPTION DE MONSIEUR
LE COADJUTEUR DE STRASBOURG.

A PARIS,
Chez JEAN BAPTISTE COIGNARD, Imprimeur & Libraire ordinaire du Roy, & de l'Académie Françoise, ruë S. Jacques, à la Bible d'or.

M. DCCIV.

AVEC PRIVILEGE DE SA MAJESTÉ.

MONSIEUR LE COADJUTEUR DE STRASBOURG *ayant esté élû par Messieurs de l'Académie Françoise, à la place de feu M.* PERRAULT, *y vint prendre seance le Jeudy* 31. *Janvier* 1704. *& prononça le Discours qui suit.*

MESSIEURS,

Le public qui s'interesse à l'honneur de vostre Compagnie, qui connoist le prix de vos suffrages, & qui voit l'ardeur avec laquelle on s'empresse de les meriter, s'étonnera peut-estre que j'aye differé si long-temps à vous marquer, combien je suis sensible à la grace que vous m'avez faite. Je ne me le pardonnerois pas moy-mesme, & rien ne pourroit me justifier, si vous n'aviez approuvé, avec autant de bonté, que de justice les raisons qui m'obligerent à partir pour une Province éloignée, dans le temps que vous m'honorastes de vostre choix. Raisons fondées sur des devoirs, si indispensables, que bien loin de m'excuser, si je les avois sacrifiées à ma reconnoissance, vous m'auriez fait un crime de mon empressement ; & je suis sûr que vous approuverez encore celles qui ont retardé mon retour.

La gloire du Roy, MESSIEURS, est l'objet de vos plus nobles occupations ; Pouvois-je quitter des lieux où je la voyois croistre chaque jour par de nouvelles victoires ? Pouvois-je me dispenser d'y rendre au Seigneur de publiques actions de graces pour ces heureux succés ; & ne sçavois-je pas que vous me reverriez avec d'autant plus de plaisir, qu'ayant esté, pour ainsi dire, tesmoin de tant de prodiges, je pourrois vous en faire un plus fidelle recit ?

J'admirois un jeune Prince animé de

l'esprit de LOUIS LE GRAND, conduit par sa sagesse, & superieur à tout, par son propre courage. Brisach, cette fameuse ville que l'art & la nature sembloient avoir mis à couvert des plus puissants efforts, & que deux armées reünies ne purent autrefois forcer, se sousmettoit à ses armes victorieuses. Ces montagnes escarpées, dont tant de remparts entassez l'un sur l'autre défendoient les approches, s'abbaissoient devant luy. Ce fleuve impetueux qui entoure de ses eaux cette Place redoutable, le respectoit, comme il a respecté tant de fois son auguste Ayeul & son auguste Pere. Tant de difficultez ne servoient qu'à rendre son triomphe plus éclatant & à justifier en mesme temps la timide, mais sage precaution de ses ennemis, qui au seul bruit de son nom, abandonnerent un poste qu'une riviere & de profonds retranchements auroient dû rendre inaccessible. Dignes exploits d'un jeune Heros qui a LOUIS pour guide dans la route de la gloire, & qui asseure à la France la continuation du bonheur dont elle joüit!

Aprés cette conqueste nostre armée s'avance, les travaux & les perils redoublent ses forces & son audace. Ce n'est pas assez pour elle de s'estre asseuré un passage aussi avantageux pour la France, & pour un Prince son allié, que fatal à ses ennemis, il faut encore qu'elle rende la tranquillité à nos frontieres, & qu'elle leur fasse gouster, au milieu de la guerre, toutes les douceurs de la paix. La force de l'importante Place qu'elle ose attaquer, le nombre des Ennemis qui la défendent, l'abondance de tout ce qu'il faut pour rendre un siege long & penible à des assiegeants, les rigueurs d'une saison avancée, rien ne l'arreste, elle vole, sûre de vaincre, parce qu'elle execute les ordres de son Roy. Déja la place est preste à se rendre, elle ne se soustient que sur les assurances qu'on luy donne d'un prompt secours. Ce secours arrive; troupes aguerries, superieures en nombre, animées par la presence & par l'intrepidité de leurs Souverains, elles se promettent une victoire entiere, elles veulent nous ravir nostre conqueste, elles ne font qu'en augmenter l'éclat.

Heureuse fin d'une campagne, qui nous marque si visiblement la protection du Ciel ſur la France, que nos Ennemis les plus déclarez ne peuvent s'empêcher de la reconnoiſtre; quelques efforts qu'ils faſſent pour abuſer les peuples, victimes innocentes de leur ambition !

C'eſt à la Religion de noſtre Prince que nous devons cette protection toute particuliere, & que de nouveaux évenements rendent encore chaque jour plus ſenſible. Quelles marques éclatantes de ſa pieté ne voit-on pas en tous lieux, & ſur tout dans ceux où ſes bienfaits m'ont attaché ? Le vray culte reſtabli, les Autels relevez, les Temples ornez de preſents magnifiques, tant de Miniſtres du Seigneur entretenus par ſes liberalitez, tant de Villes renduës, pour en conſerver une ſeule ; moins dans la vûë de rendre ſes frontieres plus impenetrables, que dans l'eſperance de la ramener un jour à la verité, dont elle s'eſt éloignée depuis prés de deux ſiecles.

Où m'emporte mon zele MESSIEURS, & comment oſé-je m'abandonner au penchant de loüer ce Grand Roy, avant que d'avoir appris de vous à le loüer dignement ?

mais ce penchant, tant il eſt naturel, entraiſne d'une maniere ſi imperceptible, que le cœur laiſſe à peine à l'eſprit le temps de la reflexion. Je me renfermeray donc dans les ſentiments de reſpect & d'admiration que ſes vertus m'inſpirent, independamment des graces que ſa main puiſſante & liberale répand tous les jours ſur ma famille & ſur moy en particulier ; & j'honoreray par mon ſilence ce qu'il me ſera peut-eſtre permis de celebrer un jour, inſtruit par vos Leçons, & excité par vos exemples.

Ce n'eſt pas le ſeul avantage que j'eſpere de trouver parmi vous, MESSIEURS : je ſçay que l'on apprend icy parfaitement à annoncer aux peuples la doctrine ſacrée, en des termes capables d'augmenter la veneration qu'elle inſpire, & c'eſt le principal attrait qui doit engager un Evêque à prendre place parmi vous. Je ſçay qu'en tout genre de litterature c'eſt icy qu'il faut venir pour s'éclaircir de ſes doutes, pour redreſſer ſes jugements ; que ſous les Loix d'une agreable ſocieté, il s'y fait un commerce d'eſprit, où chacun trouve à s'enrichir; que tout y excite une noble émulation, que l'on l'on y perfectionne nostre langue & qu'enfin c'est la veritable source où l'on prend le goust du vray, & l'idée de la parfaite éloquence.

C'est avec de si grands Maistres que s'estoit formé l'illustre Académicien, auquel j'ay l'honneur de succeder. Elevé dans le sein des Lettres, il les cultiva avec soin dés sa jeunesse. Dans un âge plus avancé, honoré de la confiance d'un grand Ministre, il ne s'en servit que pour accrediter les Muses, les approcher du Throsne, & attirer sur elles les regards & les faveurs du Prince. La fortune luy devint-elle moins favorable; il sçut se consoler avec ces mesmes Muses, tousjours laborieux & appliqué, tousjours simple & modeste, fidelle ami, essentiellement honeste homme, parfait Chrestien.

Peut-estre l'accusera-t'on d'avoir trop favorisé son siecle, en élevant les Modernes au dessus des Anciens? Mais MESSIEURS, est-il permis de le dire? Si c'est une faute, n'est-ce point à vous qu'on doit l'imputer, & auroit-il jamais osé avancer ce paradoxe, s'il n'en avoit trouvé la preuve & la justification dans vos ouvrages, & dans les ouvrages de ceux mesme qui la luy ont le plus reprochée?

Je vous rappelle le souvenir d'un homme, également digne de vostre amitié & de vostre estime. Je ne me flatte pas de pouvoir vous consoler de la perte que vous avez faite en sa personne; encore moins de vous dedommager de vostre premiere vûë, dans le choix de son successeur: heureux si je n'augmente pas la gloire de l'un & de l'autre, aussi bien que vos regrets!

Que ne m'est-il permis de parler icy de tant d'autres grands hommes, qui nourris dans le sein de cette Académie, ont enrichi le public & l'enrichissent encore tous les jours par leurs écrits; où la science dépoüillée de cet exterieur rude & sauvage, sous lequel certains Sçavants nous la presentent, paroist avec tous les ornements de la politesse & du bon goust, & sçait se faire aimer de ceux mesme que le seul nom de science rebute?

Voila les biens que vous procurez, Messieurs, non seulement à ceux qui commencent à partager avec vous le glorieux titre d'Académicien, mais encore à ceux que des liaisons particulieres & des conjonctures favorables mettent à portée de vous écouter, ou qui ont au moins la consolation de vous estudier dans vos escrits.

Par là vous remplissez les hautes Idées du Cardinal de Richelieu. Ce grand genie attentif à procurer la grandeur de son Maistre & celle de l'Etat, dans le temps même qu'il recule nos frontieres, qu'il impose la loy à nos ennemis, qu'il captive la mer sous ses digues, qu'il dompte l'heresie jusques dans ses plus fiers remparts, que par les ressorts secrets d'une sage politique, immobile en apparence, il remuë l'Europe entiere, unit ce qu'il veut unir, divise ce qu'il veut diviser; tandis qu'il repare avec tant de splendeur les ruines d'une maison fondée sous les auspices d'un saint Roy, mais où l'injure des temps n'avoit respecté que ce qu'elle ne peut détruire, la science & la pieté; tandis qu'il y joint par une espece de prodige la magnificence & la simplicité, la frugalité & l'abondance, qu'il n'obmet rien de tout ce qui peut contribuer à y former cette sçavante Societé, où la verité rend ses oracles, & d'où la lumiere se repand jusqu'-

aux extremités du monde Chreſtien : au milieu de tant de ſerieuſes occupations, il s'applique encore à faire fleurir les lettres & les beaux Arts, il vous eſtablit Juges de la délicateſſe & de la pureté du langage, Arbitres Souverains de l'éloquence. Il ſçavoit que la gloire d'une Nation ne conſiſte pas ſeulement à ſe faire craindre par la force des armes, & reſpecter par ſa ſuperiorité dans la ſcience de la Religion ; mais encore à ſe rendre aimable par les charmes inſinuans de la parole.

Suivez, MESSIEURS, comme vous avez fait juſqu'à preſent les nobles deſſeins de voſtre Inſtituteur : ſuivez ceux du grand Chancelier qui luy ſucceda dans l'empire des lettres, & dont la memoire nous eſt ſi chere & ſi reſpectable ; animez-vous encore, s'il eſt poſſible, par le deſir de meriter de plus en plus les bontez de celuy qui aux titres qu'il s'eſt acquis de Heros, de Conquerant, d'Arbitre de la paix & de la guerre, de Défenſeur de la Religion, de Protecteur des Rois, a bien voulu joindre le titre de Protecteur de cette Académie. Puiſſent vos éloges répondre à ſes vertus & à ſa gloire, comme ses vertus & sa gloire répondent à nos voeux! Puissent enfin nos voeux obtenir pour nostre bonheur & le bonheur de la France, que le regne d'un si grand Roy, d'un si bon maistre, d'un si auguste Protecteur soit aussi long qu'il est glorieux!

FIN.

APRÉS QUE MONSIEUR LE COADJUTEUR DE STRASBOURG *eut achevé son discours, Monsieur* DE TOURREIL *alors Directeur de l'Académie respondit.*

ONSIEUR,

Aux impatiences reciproques d'une longue attente, succede enfin une joye pure & tranquille. La nostre en ce jour solemnel, dont nous allons orner nos fastes, n'a presque pas besoin d'Interprete. Elle s'explique avec l'ingenuité des sentimens vifs & naturels. L'air de feste respandu dans nos cœurs, & peint dans nos yeux parle assez, & dit éloquemment, combien chacun de mes Confreres s'applaudit avec moy, de se voir devenu le vostre. Fiez-vous du moins à nostre interest, MONSIEUR, il ne vous permet pas d'estre incredule. Vostre presence ramene icy la serenité, que d'espais nuages avoient interrompuë, & vous rendez à l'Académie ce que peu d'autres luy pouvoient rendre. Nous le voyons, nous le sentons, & nostre sensibilité va jusqu'au point, qu'en vostre faveur nous serions tentez de deroger à des regles, qui nous ont déja captivez en plus d'une occasion. Ces regles ne captivent pas nos suffrages secrets; nous en disposons librement. Aussi vous déferent-ils, MONSIEUR, bien plus que vous ne voudriez accepter.

Revolution heureuse! Il ne nous falloit pas moins qu'une double consolation, & qu'un double dedommagement. Nous avions à reparer non seulement ce que nous a ravi le coup fatal, qui nous prive d'un de nos plus chers Collegues, mais encore ce que nous avoit depuis dérobé la modestie, peut-estre trop inflexible, d'un Magistrat du premier ordre. La singularité de la conjoncture demandoit un reparateur singulier dans tous les sens les plus avantageux. Nous l'avons unanimement cherché en vous, MONSIEUR, & le plaisir de l'y trouver nous touche par tant d'endroits, que j'hesite, si je dois entreprendre de les parcourir. Naissance, Titre, Dignité, qu'effacent, s'il se peut, les qualitez personnel-

les

les : ſageſſe prematurée, qu'à peine le temps & l'experience pourront accroiſtre ; jeuneſſe brillante, qui ne connoiſt d'autre paſſion, qu'une inſatiable avidité de ſatisfaire à ſes devoirs ; inclination déclarée pour les ſciences, malgré les préjugez des perſonnes d'un certain rang, ſujettes à ravilir une profeſſion qui, de quelque œil qu'ils la regardent, diſtribuë pourtant, & diſtribuëra tousjours aux Heros la recompenſe la plus noble & la plus durable ; Amour des Lettres, heureux & conſtant depuis l'enfance, dont elles furent les plaiſirs & les jeux ; éloquence, qui vient de confirmer l'idée, que nous en conceuſmes au bruit des acclamations, qu'exciterent ſes premiers eſſais dans ce Temple, où la Religion & la Verité rendent leurs oracles par la bouche de ces doctes Interpretes, non moins redevables que nous au grand Armand ; en un mot, Dons & de la nature, & de la fortune, Talens, Vertus, tout illuſtre noſtre nouveau choix, tout en rehauſſe le prix.

Ce choix, ne le diſſimulons point, adoucit des regrets, que nous donnerions à l'humanité, au merite, à cette eſpece de fraternité qui nous unit jusqu'au tombeau, quand nous ne les devrions pas à la reconnoissance. Peu s'en faut, qu'elle ne m'engage dans le denombrement des bons offices, dont elle éternisera le souvenir. Mais ce détail n'interesse que nous, & il pourroit mener trop loin. Je me restrains donc, Monsieur, à dire; que vous remplissez la place d'un homme, qui en tout temps en tout lieu, nous aima d'une tendresse effective & solide. Oüy, dans le pays le plus fertile en frivoles protestations de service & d'amitié; ce pays où l'on a si grand peur d'user son credit pour autruy, où l'on se fait une loy inviolable de n'agir & de ne penser que pour soy, il pensa, il agit utilement pour nous, il sollicita pour nous des graces, & les obtint. De sorte qu'à sa gloire nous profitasmes plus que luy de la bienveillance, dont l'honoroit ce Ministre consommé, qui bien que dispensateur des liberalitez du plus magnifique des Rois, ne crut jamais nous donner assez, s'il ne se donnoit luy-mesme, & s'il ne venoit quelquefois gouster les fruits de nos conferences. L'estoile, dirai-je favorable, ou contraire, qui avoit approché des Grands voſtre Prédeceſſeur, luy ſuſcita des envieux, dont les derniers efforts toutesfois ne purent venir à bout, que de le renvoyer à la vie paiſible. C'eſt alors qu'enveloppé dans ſa vertu, & riche de ſa moderation ; que parvenu à l'independance, & maiſtre de ſon loiſir, il le devoüa tout entier aux Muſes. Leur familiarité acheva ſans peine ce que ſa raiſon, ſecondée du teſmoignage de ſa conſcience, avoit déja fort avancé. Si bien qu'au gré d'une imagination feconde, tantoſt enjoüé, tantoſt ſerieux, il s'exerça continuellement à divers genres de Poëſie, où ſans le vouloir, & ſans le ſçavoir meſme, il attrappa quelques traits des originaux qu'il mépriſoit.

Je me retracte, & je m'aſſure qu'au fond il en jugeoit plus ſainement. Non que j'oublie, qu'il attaqua les premiers Heros de la litterature, qu'il forma le vain projet de les dethroſner, qu'il dreſſa plus d'une machine, pour ébranler les fondements de leur longue domination. N'importe, la rareté de l'entrepriſe vaut bien la peine d'en rechercher la cauſe. S'arreſte qui voudra aux apparences, je penetre le motif qu'il eut & la force & l'adresse de nous cacher. Son opinion favorite, qu'il debitoit avec toute l'intrepidité d'un Chef de Secte, ne se montra jamais à luy comme veritable, il desira seulement qu'elle le devinst, & se sacrifia sans reserve aux veuës d'une passion officieuse, mais immoderée. Il rabbaissoit artificieusement les meilleurs modelles, afin qu'on ne desesperast point d'y pouvoir atteindre. Ainsi pour essayer de nous donner des Homeres, il voulut bien, je franchis le mot, joüer le personnage de Zoile * ou d'Aristarque *, & il ne nous chargea d'une preference glorieuse, que pour nous mieux inspirer l'ardeur de la meriter. Je presume qu'il eut cette intention loüable; non je ne la luy preste pas, & voicy sur quoy ma conjecture se fonde.

* Zoile Censeur chagrin, qui voulut autrefois remettre Homere sous le foüet & sous la ferule.

* Aristarque autre Censeur d'Homere, mais plus retenu & plus éclairé que Zoile.

Qu'un judicieux observateur apperçoive des negligences & des fautes dans les chef-d'œuvres & de Rome, & d'Athenes; qu'il secoüe à propos le joug d'une admiration aveugle; qu'il prétende, que les plus grands hommes ont leurs petitesses, & tiennent par quelque endroit à la foiblesse humaine, je souscris, & j'adjouste, que les Anciens eux-mesmes nous apprennent à penser de la sorte. Ce fameux Rheteur, qui dans l'élite des Poëtes, des Philosophes, des Historiens, des Orateurs de la Grece developpe si bien le merveilleux, & qui veut, qu'à dessein de nous encourager dans nostre travail, nous nous figurions de les avoir pour spectateurs & pour juges, ne s'en laisse pourtant pas esbloüir au point, qu'il n'y descouvre des taches. Vous le sçavez, MESSIEURS, il observe, que cette foule de vives passions, cette varieté de caracteres soustenus, cette activité de paroles énergiques, cette abondance d'images naïves, cette continuité de sublime parfait, qui tirent du pair l'Iliade, manquent à l'Odyssée; que ce dernier Ouvrage est le reste d'un genie lumineux qui s'éteint, où le reflux d'un esprit immense qui se retire & se resserre; qu'Hesiode rampe dans quelqu'une de ses descriptions; qu'au contraire Eschyle, Sophocle, Pindare, prennent un vol si haut, qu'à force de s'élever ils se précipitent, & font des chûtes qui n'ont rien d'étonnant que de n'estre pas plus frequentes;

qu'Euripide n'excelle qu'à peindre l'amour & la fureur; qu'Herodote se neglige par intervalles, jusqu'à tomber dans la bassesse des termes; que Thucydide peche par la longueur de ses transpositions, & prodigue cette figure jusqu'à la satieté; que Xenophon dans le cours de sa diction pure laisse eschapper des expressions impropres, & des tours irreguliers; que Platon dans l'enthousiasme s'abandonne aux vaines pompes de l'allegorie; qu'Isocrate ne veut rien dire qu'avec emphase, & que Demosthene cet Orateur qui, lorsqu'il s'agit d'espouvanter ou d'esmouvoir, tonne & foudroye, est un froid railleur, & devient ridicule dés qu'il s'efforce d'estre plaisant. Le Rheteur Romain, quand il traite ce sujet, n'a le pinceau ni moins hardi, ni moins seur. Il ne charge les portraits, ni ne les flate, il fait ressembler. Convenons que ces deux Rheteurs, ou Censeurs munis de toutes les qualitez requises pour les accrediter, n'ont en aucun temps causé le moindre murmure; car le monde sçavant a tousjours cru leur devoir une déference entiere. Ce qui marque l'ascendant de la verité sur l'esprit humain, &

prouve, que les adorateurs de l'antiquité n'ont pas tout l'entestement qu'on leur impute, puisque la bonne critique contre l'objet de leur adoration les subjugue, pendant que la mauvaise les revolte.

Mais qu'un homme fort sensé d'ailleurs affirme d'un ton dogmatique & decisif, que les Maistres de l'art en ont violé toutes les regles; qu'un vieux respect transmis d'âge en âge nous fascine l'esprit, & que les modelles domestiques nous dispensent de consulter les modelles estrangers; il me permettra de croire qu'il veut se joüer de la raison, & voir jusqu'où peut aller la licence du Paradoxe. N'en doutons point, l'Auteur de celuy-cy, au cas que mes premieres conjectures me trompent, le jetta d'abord au hazard; aprés quoy irrité par une contradiction, où se meslerent des veritez dures, & d'ameres railleries, il s'emporta bien au delà des bornes, qu'il se proposoit de ne point franchir. Voilà, nous ne l'experimentons que trop, l'effet que produit ordinairement la chaleur de la dispute. Une proposition hazardée nous engage plus que nous ne voulons. On l'attaque, nous nous picquons de la défendre, nous n'avons pas le courage de reculer. L'obstination, la mauvaise honte nous attachent à nostre chimere, & le raisonnement à la fin conduit par degrez au pur sophisme. Quoy qu'il en soit, la libre carriere, que se donna nostre partisan des Modernes, se renferme dans des questions, où l'on ne risque au plus que d'encourir le reproche inseparable des opinions singulieres, & où sans contredit on peut errer innocemment. Eh plust au Ciel, que pour l'édification, que pour la paix du monde Chrestien, jamais la funeste diversité d'opinions ne tombast sur des matieres plus graves, ou n'allumast qu'un zele qui ne refroidist point la charité.

Quant à la question presente, que mon sujet me contraint d'approfondir, quelque envie que j'eusse de l'éluder, un juste estimateur, qui comme vous, MONSIEUR, sent l'iniquité des loüanges exclusives, n'est point partial ; il se tient neutre entre les Modernes & les Anciens. Tous, quoy que l'on puisse dire, ont un état certain, & une reputation independante des caprices & des hyperboles. Malherbe & ses disciples, pour

pour avoir ceint leur teſte de lauriers immortels, n'ont pas fleſtri les lauriers de Pindare. Nous avons pour le comique l'équivalent d'Ariſtophane, de Plaute, & de Terence en un ſeul homme, tousjours inimitable, lors meſme qu'il s'abbaiſſe à l'imitation. Deux de nos plus renommez Collegues ont regné ſur la Scene Françoiſe, comme les Sophocles & les Euripides regnoient ſur le Theatre Grec. On a veu au milieu de nous le Phedre moderne, ce nom le deſigne aſſez, manier la fable avec la dexterité de l'ancien: l'un & l'autre d'une joye elegante, d'un badinage inſtructif & moral; naivetez, graces égales, quoique differentes. L'Horace de nos jours, on ne peut le meconnoiſtre, & nous ne ceſſons de reſſentir les infirmitez, qui le diſpenſent du ſervice aſſidu, a glané dans les champs, qu'avoit moiſſonnez ſon prédeceſſeur; & n'a pas laiſſé de recueïllir des eſpics, auſſi abondants que la premiere moiſſon. Combien d'Académiciens avons-nous perdu; combien nous en reſte-t'-il, que ſoit pour l'eſtenduë de la doctrine, la ſolidité de la critique, la curioſité des recherches, la ſcience des Langues, la facilité de l'expression, ou l'elegance du stile; soit pour l'enjoüement des dialogues, ou le pathetique des éloges funebres, nous pouvons opposer aux ornements des siecles passez. Le nostre, fécond en merveilles, a produit aussi pour la gloire du Parnasse plus d'une * Sappho, plus d'une Corinne, qui devroient nous avoir appris, que le genre de merite, dont nous avons fait nostre principal appanage, est de tout sexe; & que les plus beaux talents peuvent tomber en quenouille. Ces rares genies ont successivement illustré leur patrie, & paré le monde. Ils n'ont jamais eu ensemble rien à demesler; on s'avise aujourd'huy d'en faire des rivaux de profession; &, sans trop examiner l'incompetence, on s'establit juge de leurs differents. C'est une maladie, que de vouloir absolument juger, c'est une injustice que de condamner sans entendre; & c'est ne pas entendre, que d'entendre inégalement les deux parties. Or quel est l'homme, je ne vous excepte pas, MONSIEUR, qui possede les Langues sçavantes comme sa Langue naturelle. Cette raison, par où Plutarque & Longin, je dis Longin &

* Sappho, & Corinne, femmes Grecques, celebres par leur esprit, & par leurs Poësies.

Plutarque, se reconnoissent incapables de fixer avec une précision exacte la valeur des talents oratoires de Demosthene & de Ciceron, exige de nous pareille retenuë en cas pareil; & fournit aux Grecs comme aux Latins de quoy fonder au besoin une recusation legitime. Ils ont de plus à se prevaloir du jugement unanime de nos Peres, jugement qui nous impose une espece de sujetion, dont il est messeant de s'affranchir. Car quiconque ose s'y soustraire, se déclare coupable ou suspect du desir de se signaler par une nouveauté fastueuse, & peut-estre de se compter entre les personnages qu'il préfere aux Anciens. Je ne puis m'arrester, MESSIEURS, malheur à moy, si la dissertation paroist longue, ce n'est pas la faute du sujet.

Puis donc que l'Antiquité venerable, & reverée jusqu'icy, principalement par tous les Juges les plus recevables à luy disputer le rang qu'ils luy deferent, a prescrit contre les Novateurs; puisque toutes comparaisons sont odieuses, ne pourroit-on point s'abstenir de comparer? Est-il si facile d'observer, de demesler, de peser à la fois tant de rapports & tant de differences ? N'y a-t-il pour prononcer juridiquement sur les préseances de litterature, qu'à s'asseoir au haut d'un tribunal arbitraire, où chacun se place quand il luy plaist, & cite qui bon luy semble? Non, non, la force ne respond pas tousjours à l'audace, ny le pouvoir à la présomption. L'incertitude & la timidité sont le partage ordinaire de l'erudition vaste & profonde. Les veritables Sçavants ignorent le ton affirmatif, & combattus par leurs propres lumieres, ils doutent presque de tout; tandis que les autres desbarrassez de tout ce qui tient l'esprit en balance, sçavent ne douter de rien; tranchent, décident en maistres, abusent des malheureuses facilitez que donne l'insuffisance, & pleins de l'orguëil qui la leur cache, s'arrogent le droit, que ceux-la n'osent exercer.

Les paralleles, dira quelqu'un, ont leur agrément & leur utilité; à la bonne heure. Mais le parallele dont nous parlons, exclud-il l'indifference, & le sang froid ? Faut-il necessairement imiter ces gens extrêmes, qui dans la fureur de leur prévention foulent aux pieds les Anciens, ou les deifient,

& n'admettent aucun milieu entre le mespris & le culte, entre l'idolatrie & le blaspheme. Vos semblables, MONSIEUR, les gens sages n'outrent rien, & n'espousent point de querelle. Ils ne se meslent sur ce point, ny de bastir des Autels, ny d'en abbatre; ils ne vont ny jusqu'à commettre des irreverences, ny jusqu'à brusler de l'encens; deux extremitez, dont la moins vicieuse l'est beaucoup. Qu'est donc devenu l'intervalle qui separe le merveilleux & le mediocre? Depuis quand le bon & le beau n'ont-ils plus leurs degrez & leurs estages? Il est libre de censurer aussi sobrement, que l'on admire. Il ne tient qu'à nous, que sans nulle distinction des temps & des personnes, nous n'usions de cette liberté honneste. On a tort d'imputer à d'excellents originaux ce que leur preste un Traducteur, c'est à dire un Copiste, qui souvent les desfigure, & les degrade tousjours. Quiconque, avec du goust & du discernement, s'assujettit aux regles de la juste compensation, reconnoist que dans les Auteurs, qui nous ont frayé le chemin dangereux & glissant du sublime, les beautez payent avec usure les defauts.

La pluſpart meſme de ces défauts ſont la ſuite neceſſaire d'une opulence infinie, où l'on ne peut veiller à tout de ſi prés ; & où, malgré qu'on en ait, il faut negliger quelque choſe. D'ailleurs une partie de leurs obſcuritez roule ſur noſtre compte. On ne peut mettre ſur le leur, ny les couſtumes abolies que nous ne ſçaurions deſchiffrer, ny les fines alluſions dont nous n'avons point la clef. Le lecteur préſomptueux incline fort à blaſmer ce qui ne luy paroiſt pas intelligible. Il n'a pas de voye plus courte & plus facile, pour s'eſpargner certain aveu qui luy couſte tant. Cependant il importe de ne ſe pas tromper dans le choix de qui doit nous conduire à la perfection, ou nous en approcher. Ceux qui n'ont eſgaré perſonne meritent la preference. Il faut marcher aprés de ſi bons guides ; ou ſi l'on peut, à coſté d'eux. A quoy ſert de quitter le chemin battu ; & de ſe ſingulariſer par les biſarreries, par les téméritez d'un dédain, d'un dégouſt inſouſtenables. Tous les ſiecles ont-ils erré avant nous ; & quand leurs déciſions authentiques n'auroient point paſſé en force de Loy, de quel droit un particulier s'érige-t'-il en legiſlateur?

D'autre part s'obſtinera-t-on à rejetter comme profane tout ce que la mort n'a pas conſacré? Laiſſera-t-on croire que le merite, à proportion qu'il s'éloigne de nous, trouve grace devant nos yeux; & qu'il les bleſſe, dés qu'il eſt à portée de nous joindre & de nous meſurer. *La noble jalouſie*, dit un Poëte Grec, *eſt utile aux mortels.* Hesiode. Celle-là, loin de ſouffler la diſcorde, & d'allumer la haine entre les concurrens, les remplit de cette ardeur magnanime, qu'elle répandoit dans les plus celebres jeux de la Grece, où les vaincus contents d'avoir diſputé le prix, dépoüilloient à la fin tout ſentiment de rivalité pour le vainqueur, & s'empreſſoient à l'envi de le couronner. On doit écouter les conſeils maſles de l'émulation, mais non les laſches ſuggeſtions de l'envie; paſſion baſſe qui fait achepter trop cher un plaiſir, que l'on a honte de s'avoüer à ſoy-meſme. Ce plaiſir malin, que la politique devroit nous interdire au défaut de la morale, deſunit, décredite, deſtruit, perd les gens de Lettres, & leur oſte tout ce que pourroit leur valoir, s'ils agiſſoient de concert, le privilege d'eſtre les ſeuls qui dépoſent à la poſterité, les ſeuls qui placent dans le Temple de Memoire. Nous ne pouvons donc trop toſt tarir la ſource d'une diviſion ſi pernicieuſe: nous ne pouvons trop affermir la baſe de l'union ſi neceſſaire à des gens faits, pour ſe communiquer leurs lumieres; s'entr'aider de leurs avis; & continuer généreuſement un genre de commerce, où le plus riche ne peut gagner que la gloire d'eſtre le plus liberal. C'eſt le maintien de cette union, que noſtre Inſtituteur, profond dans l'art de gouverner les hommes, avoit en vûë, lorſqu'il bannit de nos Aſſemblées, préeminences, prérogatives, diſtinctions, comme propres à la rompre. Et comment, dira-t'-on, la romproient-elles? On va le comprendre. Les diſtinctions, les prérogatives, les préeminences diviſent le Corps qui les ſouffre; ou plutoſt d'un Corps elles en forment pluſieurs. Elles aſſignent à chacun ſa place & ſa ſphere; elles chaſſent cette penſée d'unité, qui lie par des nœuds indiſſolubles, & incite à conſpirer aux avantages de la cauſe commune. Parlons ſans figure. Tout cérémonial involontaire importune

naturellement,

naturellement; il pese tost ou tard aux ames les plus mercenaires & les plus viles: mais il embarrasse, & gesne plus qu'ailleurs dans une Societé comme la nostre. Il éloigne donc la confiance, il aliene les cœurs, & dés que les cœurs ne concertent point, adieu l'accord & l'harmonie. La Republique des Lettres a tousjours posé pour maxime fondamentale une certaine égalité entre les Sujets qui la composent. Quand la raison, & l'experience n'autoriseroient pas la maxime, elle s'establiroit suffisamment par nos Statuts; appuyez desja de plusieurs exemples d'une soumission, renouvellée aujourd'huy avec tant d'esclat. Ces Statuts dictez par la Sagesse nous mettent de niveau; aucun de nous ne doit permettre mesme à ses idées de l'en tirer. Tel, qui s'en croit le plus loin, en est plus proche qu'il ne s'imagine. Quelle indecence de se mesurer superbement à toute heure, à tout propos! Le parti le plus seur, & le plus honneste, c'est de ne pas entrer dans une discussion, où l'amour propre expose à d'estranges injustices. Compensons à l'amiable le fort avec le foible, selon la diversité des matieres que l'on traite. Tantoſt inferieurs, tantoſt ſuperieurs, reſiſtons à la tentation de nous enorgueïllir, dans l'attente d'une occaſion prochaine de nous humilier. Enfin, regardons-nous comme un Corps, qui marche à frais communs, & à pas égaux vers l'immortalité.

Du reſte, ſoit Ancien, ſoit Moderne, il ne ſied pas mal d'eſtre prodigues, plutoſt qu'avares de noſtre eſtime; en ſorte que tout ce qu'il y a d'eſtimable, de quelque part qu'il vienne, l'attire & ne l'arrache pas. Cedons volontiers à la neceſſité de loüer des morts & des eſtrangers; gouſtons le plaiſir de loüer des vivants & des confreres. N'oſeroit-on eſtimer des ouvrages, que l'on a veu naiſtre? Les décriera-t'-on irremiſſiblement, parce qu'une longue ſuite d'années ne les a pas encore marquez au coin de l'Antiquité? Eſt-ce un défaut, que de vivre de noſtre temps, eſt-ce une perfection, que d'avoir veſcu dans les temps éloignez du noſtre? La partialité, ſi l'on avoit à la permettre, ſe pardonneroit bien plutoſt en faveur de nos contemporains. Pourquoy donc attendre, qu'ils acheptent noſtre approbation au prix de leur vie! Pourquoy les reduire à ce vœu ſecret, Dieu me preſerve du jour de mes loüanges!

Le Public a vendu moins tard, & moins cher les ſiennes à l'Académicien, qui va revivre en vous, MONSIEUR. J'atteſte la pluſpart de ceux qui m'entendent. Combien de fois luy ont-ils applaudi en ce lieu, lorſque dans nos jours de cérémonie il conſacroit les fruits de ſes veilles aux embelliſſements de la feſte, & qu'il ſe haſtoit de répandre dans le ſein de ſa mere les fleurs, qu'elle luy avoit appris à cueïllir. Quel dommage, qu'avec luy un ſi bel exemple periſſe, & qu'une ſorte d'affection filiale que nous avons admirée, manque parmi nous d'imitateurs? Elle ne ſe dementit, elle ne ſe relaſcha point dans ſon cœur; & juſqu'au bout de ſa carriere, il s'addonna fidellement aux fonctions Académiques. Ne penſez pas, que ſur la foy d'un deſir trop credule, nous allions juſqu'à nous promettre de vous, MONSIEUR, la meſme aſſiduité. Nous nous contentons d'avoir acquis un droit inconteſtable ſur vos heures de loiſir. Elles nous appartiennent; nous les reclamons par avance, & pour les remplir à vostre gré, je puis respondre qu'il n'y a point d'amusement plus utile, ny d'occupation plus honneste que nos exercices.

Là, comme je l'ay desja dit, le merite seul regle les rangs, & la raison seule domine, selon l'usage establi entre les fils d'Apollon : usage qui vous rendra bien plus, MONSIEUR, qu'il ne semble vous oster. Là, par un eschange perpetuel de pensées & de reflexions, s'entretient un commerce d'erudition & de politesse. On propose, on resout des doutes; on rectifie des idées, on reforme des jugemens; on puise dans des thresors ouverts, & dans des sources vives; on lit des livres parlants, on foüille des bibliotheques animées, & tout à coup sans peine, sans larcin, on acquiert des richesses d'esprit, que d'autres n'ont amassées qu'avec un long travail. Là du concours de differentes clartez se forment ces corps lumineux, qui éclairent l'empire des Lettres. Là, pour tout dire, se perfectionne la Langue, destinée à transmettre aux races futures le modelle en la science de vaincre, & de regner. Ce grand objet, que nous avons tousjours present, nous anime à la cultiver, il nous sollicite de l'enrichir, & nous presse d'autant plus, qu'elle se retrouve pauvre & indigente, toutes les fois qu'elle veut parler de l'homme du monde qui la parle le mieux, & par qui elle tient le premier rang entre les Langues vivantes. Il est vray, que tous les arts ont refleuri sous un tel Monarque; & que les plus grands maistres attendent son approbation, comme leur plus belle recompense. Mais l'art de la parole a cet avantage, qu'il l'exerce luy-mesme, & l'exerce parfaitement. Il suffit de l'entendre, pour en convenir, admirer, & se taire. Gardons, (en faveur de nostre zele, qui selon la mesure de mes forces auroit bien plus à souffrir de moy que d'un autre,) gardons le silence, qu'impose à la Terre la grandeur des evenements de son Regne: & puisque tout ce que nous pouvons penser, ou dire, est infiniment au dessous de ce qu'il fait; puisque l'amour du repos est le premier sentiment, que nostre profession inspire à ceux qui la suivent, formons un souhait, que la moderation du Vainqueur ne desavoüera pas. Puissent nos ennemis revenus de leur aveuglement, ouvrir les yeux ſur la juſtice de noſtre cauſe, & reconnoiſtre le bras inviſible qui la protege; puiſſent-ils de nouveau ſe mettre en devoir d'éprouver, combien il eſt doux de traiter avec un Conquerant, que ſes vertus heroïques ont raſſaſié de gloire, & qui n'en a plus d'autre à deſirer, que celle de pacifier pour jamais l'Univers.

Cette paix neceſſaire aux Nations jalouſes de noſtre bonheur, nous la gouſtons deſja, ou plutoſt nous n'avons pas ceſſé d'en joüir ſous les auſpices d'un Roy, qui aux titres les plus eſclatants ne dedaigne pas de joindre le titre de noſtre Protecteur. Le bruit des armes ne penetre juſques à nous, que par nos victoires & nos conqueſtes; que par les exploits d'un jeune Heros, qui retrace de ſi bonne heure aux yeux de l'Europe eſtonnée la fidelle image & du Pere, & de l'Ayeul. Vous allez, MONSIEUR, partager avec nous l'honneur de cette particuliere protection, que les autres Académies, filles ou ſœurs de la noſtre, nous envient; protection unique, qui nous diſtingue entre les Sujets de LOUIS LE GRAND. Vous contractez donc auſſi l'obligation de concourir à publier ce que nous luy devons. Eh que ne luy devons-nous pas! Graces à la bonté constante, dont il honore les Muses, elles ne vivent plus à la merci d'un Mécene, elles habitent le Palais d'Auguste; que dis-je, elles approchent de sa Personne sacrée avec toute la confiance, que permettent le respect & l'admiration. Il les escoute, il les exauce, & par une condescendance vrayement paternelle, il leve le scrupule qu'elles ont, de luy demander dans leurs besoins quelques uns de ces moments, consacrez à faire le destin du monde. Que pouvons-nous rendre pour tant de faveurs insignes, & continuelles? Histoire, Eloquence, Poësie, de nostre propre aveu, tous vos soins, tous vos efforts réünis nous acquittent mal; & nous n'éviterions point le reproche d'ingrats, si cette espece d'ingratitude, dont vostre personne, Monsieur, & vostre Maison encore tout recemment nous donnent d'illustres Complices, ne trouvoit son excuse legitime dans le nombre, & dans le prix des bienfaits.

FIN.

ELOGE FUNEBRE DE M. PERRAULT, PRONONCÉ DANS L'ACADÉMIE FRANÇOISE

par Monsieur l'Abbé TALLEMANT, *le* 31. *Janvier* 1704. *à la Reception de Monsieur le Coadjuteur de Strasbourg.*

ESSIEURS,

L'Académie dans son establissement avoit ordonné, par un de ses premiers Statuts, qu'à la mort des Académiciens on feroit leur Eloge & leur Epitaphe, en Prose & en Vers. Ce Reglement ne paroist avoir esté regulierement observé qu'à la mort de M. Bardin, qui fut le premier dont l'Académie pleura la perte. M. Godeau Evesque de Vence fit son Eloge, M. l'Abbé de Cerizy l'Epitaphe en Prose, & M. Chapelain l'Epitaphe en Vers. Il est vray qu'on a suppléé en quelque sorte à un Statut si raisonnable, par la loüable coustume des discours qui se font aux Receptions, où l'on fait tousjours une mention honorable de celuy dont la place a vaqué, & où l'on n'oublie rien de ce qu'il y a eu de plus recommandable dans sa vie. Ce pieux devoir vient d'estre rempli d'une maniere si avantageuse pour M. Perrault, qu'il paroistra sans doute qu'il y a quelque temerité à moy de prétendre adjouster quelque chose à ce que l'on vient de dire avec tant d'éloquence. Mais je croy qu'on pardonnera à ma reconnoissance & à mon amitié le zele qui m'anime, pour vous entretenir encore des bonnes qualitez de l'esprit & du cœur de M. Perrault; Et si j'ose me flatter que le Ciel m'ayt donné quelque foible talent dans l'art de parler, vous ne me blasmerez pas, MESSIEURS, de l'employer en ce jour pour jetter quelques fleurs sur le tombeau de mon amy,

Virg. 6. Æn. *Purpureos spargam flores, animamque* PERALTI
His saltem accumulem donis, & fungar inani
Munere.

L'amitié qu'il a euë pour moy dez mes plus jeunes années; les liaisons de societé que nous avons tousjours euës ensemble, mais sur tout les bienfaits qu'il m'a si tendrement & si genereusement procurez, exigent de moy tout autre tribut que celuy de la douleur & des larmes. Permettez-moy, donc, MESSIEURS, de renouveller ce premier reglement de l'Académie en faveur d'un si illustre Confrere, & de soulager mon déplaisir, en rendant au public un tesmoignage authentique de sa vertu.

Nous avons veu perir de grands personnages. Combien avons-nous perdu de ces esprits sublimes, qui sçavent donner le prix aux grandes actions, & qui immortalisent les Heros en s'immortalisant eux-mesmes. Leurs noms celebres gravez dans les fastes de l'Académie, & dans ceux de la posterité demeureront éternellement dans la memoire des hommes, & honoreront à jamais cet illustre Corps dont ils ont esté l'ornement. Mais je ne crois pas, MESSIEURS, estre desavoüé de vous, si je vous dis que ceux qui se sont signalez pour l'avantage de cette Compagnie doivent encore vous estre plus chers que les autres. Ce fameux Cardinal qui en a imaginé l'establissement, Richelieu, ce puissant Genie qui en a si bien preveu l'importance & l'utilité, & à qui vous devez le plaisir que vous goustez tous les jours dans nos Conferences, & le profit que vous en tirez, ne sortira jamais de vostre souvenir. Ces lieux retentissent continuellement de ses loüanges, loüanges immortelles données par ceux qui ont l'art de faire ces belles couronnes,

Malherbe. *qui gardent les noms de vieillir.*

Je n'oublieray pas icy ceux qui furent, pour ainsi dire, les vrays fondateurs de cette Compagnie, par les soins qu'ils prirent d'y establir des Reglements judicieux, qui n'ont jamais varié, par cette aimable égalité qui en a fait tout le prix, la sublimité du Genie n'estant sujette ny à rang ny à distinction humaine; & ne s'agissant icy que d'estre homme de Lettres, & d'estre distingué par les talents de l'esprit. Chacun apporte icy le fonds qu'il a receu de la nature & de ses estudes, & ceux qui se voyent au dessus des autres par leur naissance ou par leurs dignitez, se trouvent heureux d'estre associez aux grands Hommes qui composent cet illustre Corps. Ils trouvent une grandeur nouvelle à se mesler parmy ceux dont les noms dureront éternellement, & à s'égaler à ceux, que le ſçavoir, l'Eloquence & la Poëſie ont mis au deſſus des autres hommes. Par le maintien de cette égalité, l'Académie eſt une, par cette égalité elle eſt ſimple, & par conſequent elle eſt durable; & s'il m'eſt permis de parler ainſi, elle eſt immortelle.

Suivons-la pas à pas dans ſes glorieux progrés. Elle perdit Richelieu. L'honneur eſclatant dont elle joüit aujourd'huy l'attendoit, & dans cette attente elle ne chercha que chez elle la protection dont elle avoit beſoin. Seguier Chancelier de France, l'un desQuarante de l'Académie, endevint leProtecteur. Seguier le pere des Lettres, cet illuſtre Chancelier, qui par ſa protection & par ſes bienfaits a procuré les plus eſclatantes dignitez aux ſçavants hommes de ſon ſiecle, luy qui aſſembloit dans ſa propre maiſon les meilleurs Eſcrivains de ſon temps, prit alors un ſoin particulier de l'Académie: il aſſiſtoit ſouvent aux Conferences, préſidoit aux receptions, & veilla tousjours, à ce qu'il n'y entraſt que des Sujets dignes d'y eſtre admis, & d'en ſoûtenir la reputation.

On en vit bien-toſt le ſuccés. Noſtre puiſſant Monarque prend en une campagne les plus fortes villes de la Flandre, en dix jours au milieu de l'hyver il dompte la Franche-Comté: Toutes les Compagnies vont feliciter le Conquerant, & l'Académie, comme le Corps de l'Eloquence & du Sçavoir, est admise aux pieds du Throsne du Vainqueur, & joüit depuis de tous les avantages des premieres Compagnies du Royaume. C'est icy, MESSIEURS, que je voy l'Académie si brillante, que j'en suis presque ébloüy, ses heureuses destinées avancent, & se découvrent tous les jours: Seguier à qui elle doit sa conservation ne meurt dans une extrême vieillesse que pour luy procurer le plus grand des bienfaits, LOUIS LE GRAND ne dédaigne pas d'occuper sa place, quel successeur pour Seguier! quelle gloire pour l'Académie!

Il n'est pas malaisé de se persuader qu'un pareil honneur améne toutes sortes de biens. Voilà l'Académie dans l'auguste Palais de nos Rois. Elle y trouve un appartement magnifique & commode, où l'on fournit avec abondance tout ce qui est necessaire pour ses Assemblées. La liberalité ingenieuse du Prince y joint une distribution honorable, qui ſemble moins inſtituée pour inviter & determiner à l'aſſiduité qui eſtoit gratuite depuis tant d'années, que pour regler le temps & la durée du travail. On ſçait aſſez que ce n'eſt que de la main d'un Roy puiſſant, bienfaiſant & magnifique que peuvent partir tant de biens, mais auprés des Auguſtes, il faut des Mécénes, & c'eſt ce que l'Académie trouva dans M. Colbert.

Ce Miniſtre dont l'eſprit eſtoit univerſel, & qui ſur tout avoit un zele inviolable pour l'Eſtat & pour la gloire de ſon Maiſtre, ſouhaita d'eſtre de l'Académie; au milieu des occupations infinies que luy donnoient la Marine & les Finances, il regarda le ſoin des Arts & des Sciences, comme un des principaux objets de ſon Miniſtere, & crut qu'eſtant parmy nous, il jugeroit par luy-meſme du merite de ceux que le Roy voudroit gratifier. Il s'engageoit ainſi d'eſtre acceſſible à tous: ce n'eſtoit pas un Miniſtre, c'eſtoit un Confrere, tousjours preſt à eſcouter & à faire du bien. Le plaiſir qu'il prenoit à voir nos diſputes vives ſans aigreur, & eſloignées de toute complaiſance ſans bleſſer la politeſſe, donnoit de l'émulation à tout le monde ; faiſoit briller cette Compagnie, & luy donna un eſclat qu'elle n'avoit point encore eu.

C'eſt, MESSIEURS, au milieu de tout cet eſclat que je trouve M. Perrault. Le Miniſtre luy fait connoiſtre ſon amour pour les Lettres, & pour les beaux Arts, & ſe repoſe ſur luy de tout ce qui peut ſervir à les porter à ce haut degré de perfection où nous les voyons aujourd'huy. Habile en toutes choſes, mais ſur tout dans l'art de connoiſtre les hommes, il voit dans M. Perrault un fonds de probité & de juſtice, qui attira toute ſa confiance. Ce fidelle confident ne ſonge plus qu'à examiner de bonne foy tout ce qui peut faire fleurir les Arts & les Sciences. Je le voy dans ſon cabinet perçant les nuits à dreſſer ces memoires qui formerent en peu de temps un ſiecle d'or pour tous les illuſtres en quelque ſcience & en quelque art que ce puſt eſtre. La fortune & la vertu ſe reconcilient, les bienfaits vont chercher ceux, qui ſans brigue & ſans deſirs, ne s'appliquent qu'à les meriter : Une grande Scene s'ouvre à tout l'Univers. La Peinture & la

Sculpture reprennent leurs anciens & leurs plus grands honneurs : l'Aſtronomie, la Phyſique, & les Sciences les plus cachées ſe cultivent avec ſuccés : l'Eloquence & la Poëſie brillent de toutes parts. M. Perrault ſans faſte, ſans jalouſie, & ſans intereſt donne le mouvement à tout ; attentif au ſeul bruit de la Renommée, il produit & met en œuvre tous ceux dont elle luy fait connoiſtre les rares Talents. Sa capacité naturelle en toute ſorte d'Arts luy fait remarquer aiſément, & ceux qui excellent, & ceux qui ont ce Genie qui mene à la perfection, & ſa droiture pleine d'amour pour la verité, luy donne du zele pour leur fortune ſans eſtre jamais occupé de la ſienne. Vous avez veu, MESSIEURS tout ce qu'il a fait pour l'Académie, avec quelle ardeur n'eſt-il point entré dans le detail de noſtre eſtabliſſement au Louvre : jamais de negative, toutes les graces venoient ſans peine, & preſque tousjours avant que d'eſtre deſirées. Je vous appelle icy fameux Peintres, celebres Sculpteurs, grands Architectes, Aſtronomes renommez, illuſtres Phyſiciens. M. Perrault ne vous a-t-il pas tousjours encouragés, aimés & protegés ? l'avez-vous jamais veu se prévaloir de sa faveur ? ou plustost n'a-t-il pas tousjours esté occupé à élever vostre merite, à vanter vos ouvrages & à en solliciter la recompense digne de vous, & de la magnificence du Prince que vous servez. Parmy tant de soins pour les autres, songeoit-il à luy-mesme, à ses illustres freres, à sa propre famille ? non Messieurs. Tous ceux qui environnoient M. Colbert profitoient de sa faveur, establissoient leur fortune, M. Perrault pensoit uniquement à lui plaire, & à luy fournir les moyens d'avancer le progrés de tous les Arts, afin de satisfaire la passion extréme de ce Ministre pour la grandeur de son maistre & pour la gloire de la Nation.

La mort enleva trop tost à la France un homme si utile à l'Estat, & entraisna en mesme temps dans une espece de disgrace, selon la coustume, tous ceux qu'il avoit le plus aimés. M. Perrault fut plus sensible à la perte d'un si grand personnage, qu'à la perte qu'il fit de la meilleure partie d'une assés petite fortune acquise par de longs travaux. Le voila rendu à son loisir, avec cette joye

& cette tranquillité dont il avoit gousté les charmes pendant sa jeunesse, & dont il avoit tousjours regretté la douceur au milieu des plus grand employs. Sa maison devient seule, il voit l'ingratitude de plusieurs faux amis, la grandeur du poste qu'il avoit occupé lui suscite toute sorte de traverses; sa vertu le met dans une pleine securité, & son Cabinet le console de tout. Que vous connoissez bien MESSIEURS, le charme & le pouvoir d'une pareille consolation, combien vois-je autour de moy de ces Illustres Solitaires épris de l'amour de l'estude, & uniquement occupés de leurs livres ou de cette noble ardeur de composer suivant le talent qu'ils ont receu du Ciel! Combien en compterois-je icy qui aprés avoir esté employés dans les plus importantes negociations, aprés avoir eu toute la confiance des premieres personnes de l'Estat, ou enfin aprés avoir heureusement travaillé à l'instruction des premiers Princes du monde, sont revenus avec joye parmy nous, & ont beni le moment qui les a entierement rendus à eux-mesmes, & au plaisir de joüir de leur temps & de leurs estudes. M. Perrault retrouve les Muses autour de luy. Elles ne l'avoient pas tousjours abandonné, & le Poëme ingenieux de la Peinture estoit le fruit de quelques moments dérobés à des occupations bien incompatibles avec la Poësie. Mais desormais toute sa vie n'est qu'un loisir & vous en avez veu l'employ.

Vous vous souvenez sans doute MESSIEURS, du prodigieux applaudissement que le public donna à son Poëme, où il élevoit le siecle de son Prince au dessus de tous les siecles les plus fameux de l'Antiquité. Ce fut la source d'une dispute celebre qui a esté soustenuë avec ▪▪▪ vivacité & avec éloquence de part & d'autre, & qui a fini avec une politesse digne de deux si Illustres Académiciens. Dans ces sortes de disputes il est ordinaire de pousser tousjours son opinion un peu au delà du vray, peut-estre M. Perrault a t-il porté trop loin l'amour de la Patrie, & qu'il ▪▪ s'apercevoit assés que ce beau genie, qui le faisoit escrire avec tant d'agrément, avoit esté cultivé dés sa jeunesse par les ouvrages de ces grands hommes ausquels il comparoit nos Modernes : peut-estre aussi que son illustre adverſaire ne s'eſtimoit aſſés luy-meſme, & qu'il ne s'apercevoit pas autant qu'il devoit, que ſon propre genie luy avoit fait égaler & ſurpaſſer meſme ceux à qui il vouloit déferer toute la beauté de ſes ouvrages ; l'un plein d'amour pour un Prince dont le regne eſt ſi fecond en merveilles, n'a rien voulu voir qui y puſt eſtre comparé : l'autre a voulu ſignaler ſa reconnoiſſance pour ſes premiers maiſtres, dans les ouvrages deſquels il a puiſé ces beautés immortelles qui ont enchanté l'univers. Parmi la chaleur de cette diſpute, l'eſtime reciproque n'a fait qu'augmenter entre eux. Les Homeres, & les Demoſthenes, ces premiers hommes dont nous ne pouvons trop eſtudier le gouſt, & qui ſeront tousjours les modelles du bon & du beau, ſont demeurés dans tous leurs privileges ; mais nos Poëtes & nos Orateurs paroiſſent avec honneur à leurs coſtés : ſi nous ſommes inferieurs par quelques endroits, nous ſommes ſuperieurs en beaucoup d'autres, & il eſt tousjours vray que le Siecle de LOUIS LE GRAND ſurpaſſe tous les ſiecles de l'Antiquité. Je laiſſe les comparaiſons qui ſont ſouvent injuſtes, & ſont tousjours odieuſes.

Mais ſans exagerer, quelle autre Nation nous fournit aujourd'huy les hommes excellents en toute ſorte de litterature & en toute ſorte d'Arts, n'eſt-ce pas en France que l'on les trouve, & n'eſt-ce pas la France qui en peuple les autres Eſtats. D'où vient cette Ligue generale de tant de Princes contre nous, ſi ce n'eſt de la jalouſie qu'ils ont de tous nos avantages. Point d'autre ſujet de guerre que nos proſperités. La France eſt trop puiſſante, elle eſt inépuiſable en ſoldats, en richeſſes: le bon ordre, la concorde & la valeur y regnent ſouverainement: le moyen que l'envie la puiſſe ſouffrir? Que vous eſtes abuſés, injuſtes ennemis de mon Roy! la crainte vous met les armes à la main, que pouvez-vous craindre d'un Roy juſte qui vous a donné tant de preuves de ſa moderation. Accouſtumés à voir dans voſtre parti des Princes qui ſe couronnent ſans titre, qui dethroſnent les legitimes Rois, qui cherchent par toutes ſortes de voyes à s'emparer des Royaumes où ils n'ont d'autre droit que leur injuſte ambition, vous croyez ſans doute que cette ambition d'envahir des Eſtats eſt naturelle à tous les Rois, & que leur pouvoir eſt la ſeule regle de leurs deſirs. Que voſtre crainte eſt vaine & mal fondée ! Loüis n'a d'autre regle que la raiſon dans tous ſes projets, ſes ſoldats que l'exacte diſcipline, & l'exemple ont rendu ſi braves, ne ſont armés que pour une juſte cauſe, tous vos efforts ne vaincront point des trouppes invincibles. Noſtre puiſſant Monarque armé de juſtice, & de pieté, & ſecondé de la valeur de ſes ſujets, ne perdra jamais rien des Eſtats que la Providence luy a confiés, mais pouvant tout auſſi, il ne voudra jamais que ce qui luy appartient, legitimement. Desja de tous coſtés, la Victoire... mais je m'eſloigne inſenſiblement de mon ſujet & je me laiſſe charmer par une matiere qui eſt au deſſus de mes forces. Je n'ay voulu toutefois qu'apuyer en paſſant les idées de M. Perrault ſur la grandeur du ſiecle où nous vivons.

Il ne me reſte plus qu'à vous remettre devant les yeux en peu de mots toutes les bonnes qualités d'un ſi aimable Confrere. Le nombre & la diverſité de ſes Poëſies font connoiſtre la vivacité de ſon imagination, & la facilité qu'il avoit à composer ; & rien ne marque mieux cette heureuse facilité que le Poëme à M. de la Quintinie, Ouvrage digne d'estre associé aux Georgiques du Prince des Poëtes Latins.

La fertilité de son Genie luy faisoit continuellement produire mille nouveautez ingenieuses qui servoient à égayer nos Assemblées publiques, & aujourd'huy mesme il semble que ces lieux demandent encore de luy quelque chose pour finir agreablement, une journée qui fait tant d'honneur à cette Compagnie

Virg. Ecl. 1.

Ipsæ te, Tytire, pinus
Ipsi te fontes, ipsa hæc arbusta vocabant.

Mais nous l'avons perdu, MESSIEURS, regrettons en luy le veritable modelle d'un honneste homme, car la beauté de son esprit n'estoit pas encore ce qu'il avoit de plus recommandable. C'estoit un homme vray en toutes choses, d'une candeur admirable dans ses mœurs, & d'un attachement inviolable à la Religion & à tous ses devoirs. Incapable de jalousie ny de haine, plein de zele & de tendresse pour ses amis, desinteressé jusqu'à éviter mesme les gains

les

les plus innocents, tousjours esgal dans l'humeur, tousjours brillant, tousjours aimable dans la societé. Voilà, MESSIEURS, quel estoit le Confrere que nous avons perdu, & je ne crains pas qu'on me reproche que l'amitié m'ayt fait exagerer en quelque chose. Je dois plustost craindre, que vous n'ayez à me reprocher d'avoir mal respondu à vostre attente & à celle du Public. Aussi sçay-je bien que c'est à vous à travailler sur mon esbauche, & à la perfectionner.

Et en attendant les Eloges que vous luy préparez, permettez-moy pour accomplir le Reglement que j'ay renouvellé aujourd'huy, de joindre icy son Epitaphe.

Cy gist PERRAULT, *qui plein d'un beau Genie,*
Eut dans tous ses Escrits une grace infinie,
Droit & simple en ses mœurs, il chercha le vray bien,
Et sçut unir en luy, dez sa tendre jeunesse,
Le bel esprit, & la sagesse,
Et l'honneste homme, & le Chrestien.

FIN.

PRIVILEGE DU ROY.

LOUIS, par la grace de Dieu, Roy de France & de Navarre : A nos amez & feaux Conseillers les gens tenans nos Cours de Parlements, Maistres des Requestes ordinaires de nostre Hostel, Prevost de Paris, Baillifs, Seneschaux, Juges, leurs Lieutenants & autres Officiers qu'il appartiendra, SALUT : Nostre bien amé JEAN BAPTISTE COIGNARD, nostre Imprimeur ordinaire en l'Université de Paris, Nous ayant fait remonstrer qu'il auroit esté receu avec nostre agrément pour remplir la place d'Imprimeur & Libraire de l'Académie Françoise à la place de feu JEAN BAPTISTE COIGNARD son pere, tant pour continuer l'Impression du Dictionnaire de ladite Académie, que pour imprimer les Discours & Pieces de Poësie qui sont trouvez dignes de remporter les Prix qu'Elle donne, & les autres Discours qui sont prononcez, tant aux Receptions d'Académiciens, qu'en d'autres occasions ; & generalement tous les Discours & Pieces de Poësie que ladite Académie veut faire imprimer ; qu'il desireroit aussi en cette qualité, sous nostre bon plaisir, réimprimer la Relation contenant l'Histoire de l'Académie, avec la continuation jusqu'aujourd'huy, &c. faire une nouvelle édition de tous les Discours & Pieces de Poësie qui ont remporté les Prix les années précedentes, & qui ont esté prononcez par ceux qui ont esté & qui sont du nombre des Quarante de ladite Académie. A CES CAUSES, voulant favorablement traiter l'Exposant, Nous luy avons permis & accordé, permettons & accordons par ces Presentes d'imprimer ou faire imprimer lesdits Discours, & Pieces de Poësie qui ont déja esté imprimez, & autres que l'Académie voudra faire imprimer à l'avenir, tant de par elle que dans les Receptions des Académiciens, mesme la Relation contenant l'Histoire de ladite Académie, & la continuer jusqu'à present, en tels volumes, marges, caracteres, & autant de fois que bon luy semblera pendant le temps de VINGT ANNÉES consecutives, à commencer du jour que chacun d'iceux sera achevé d'estre réimprimé ou imprimé pour la premiere fois, iceux vendre & debiter par tout nostre Royaume. Faisons deffenses à tous Imprimeurs, Libraires & autres de quelle qualité qu'ils soient, d'imprimer ou faire imprimer, ou réimprimer, vendre ni debiter lesdits Discours de Prose & Pieces de Poësie, Relation de ladite Histoire de l'Académie ou autres Ouvrages que ladite Académie composera cy-aprés, sous quelque prétexte que ce soit, mesme en consequence de nos anciennes Lettres cy-devant accordées à feu PIERRE LE PETIT en ladite qualité d'Imprimeur de ladite Académie le 29. Septembre 1675. ausquelles nous dérogeons par ces Presentes, nonobstant le Reglement du 27. Février 1665. ni d'en vendre d'impression étrangere & autrement sans le consentement dudit Exposant, on de ceux qui auront droit de luy, sur peine de confiscation des Exemplaires contrefaits, deux mille livres d'amende, dépens, dommages & interests, à la charge de mettre deux Exemplaires de chacun d'iceux en nostre Bibliotheque publique, un en celle de nostre Cabinet du Chasteau du Louvre, & un en celle de nostre tres-cher & feal Chevalier Commandeur de nos Ordres le Sieur BOUCHERAT, Chancelier de France, à peine de nullité des Presentes, du contenu desquelles vous mandons & enjoignons faire joüir l'Exposant & ses ayant cause, pleinement & paisiblement, cessant & faisant cesser tous troubles & empêchements à ce contraires. Voulons qu'en mettant au commencement ou à la fin desdits Livres l'Extrait des Presentes, elles soient tenuës pour deuëment signifiées, & qu'aux copies collationnées par l'un de nos amez & feaux Conseillers Secretaires foy soit ajoustée comme à l'Original. Mandons au premier nostre Huissier ou Sergent sur ce requis, faire pour l'execution des Presentes tous Exploits, saisies, deffenses, & autres actes necessaires, sans demander autre permission : Car tel est nostre plaisir. DONNÉ à Versailles le deuxiéme jour de Juillet l'an de grace 1693. & de nostre Regne le cinquante & un. Par le Roy en son Conseil, BOUCHER.

Registré sur le Livre de la Communauté des Imprimeurs & Libraires de Paris, suivant l'Edit de 1686. le sixiéme jour de Juillet 1693. Signé, P. AUBOUYN, Syndic.

De l'Imprimerie de JEAN BAPTISTE COIGNARD, Imprimeur ordinaire du Roy, & de l'Académie Françoise, ruë S. Jacques, à la Bible d'or.

M. DCCIV.

www.ingramcontent.com/pod-product-compliance
Ingram Content Group UK Ltd.
Pitfield, Milton Keynes, MK11 3LW, UK
UKHW021013220726
13924UKWH00002B/964